AF267767

RÉFORME JUDICIAIRE

EN ÉGYPTE

PAR

UN ANCIEN MAGISTRAT

PARIS

IMPRIMERIE Ve RENOU, MAULDE ET COCK

144, Rue de Rivoli, 144

1875

LA

RÉFORME JUDICIAIRE

EN ÉGYPTE

LA
RÉFORME JUDICIAIRE

EN ÉGYPTE

PAR

UN ANCIEN MAGISTRAT

PARIS

TYPOGRAPHIE ET LITHOGRAPHIE V⁰ˢ RENOU, MAULDE ET COCK

144, RUE DE RIVOLI, 144

—

1875

TABLEAU COMPARATIF DES DEUX SYSTÈMES

SYSTÈME DES CAPITULATIONS	SYSTÈME DE LA RÉFORME JUDICIAIRE PROPOSÉE
§ I. — CONTESTATIONS ENTRE FRANÇAIS	
1° *Compétence civile et commerciale :* — Les consuls sont seuls compétents pour statuer en première instance. — L'appel est porté à la Cour d'Aix.	1° *Compétence civile et commerciale :* — Même régime. — Rien de changé.
2° *Statut personnel :* — Les contestations qui y sont relatives sont jugées par les Tribunaux français.	2° *Statut personnel :* — Même régime. Les Tribunaux mixtes ne pouvant en connaître qu'incidemment, sans jamais juger le fond du procès. (Voir article 4 des dispositions préliminaires du Code civil égyptien.)
3° *Statut réel :* — Les juges consulaires se sont attribué la connaissance des actions immobilières, contrairement aux capitulations qui ne reconnaissent pas la propriété immobilière des étrangers en Égypte.	3° *Statut réel :* — A la juridiction nouvelle appartient le jugement de tout litige en matière immobilière, même entre Français. Contrairement aux capitulations, la propriété du sol est aujourd'hui reconnue accessible à l'étranger en Égypte. Les procès qui se rapportent aux actions réelles immobilières, au lieu de ressortir, ainsi qu'il serait naturel, à la juridiction purement territoriale, se trouvant attribués aux nouveaux tribunaux mixtes, sous l'action desquels est placé, par voie de conséquence, le fonctionnement d'un régime hypothécaire.
§ II. — CONTESTATIONS ENTRE FRANÇAIS ET ÉTRANGERS.	**— CONTESTATIONS ENTRE FRANÇAIS ET ÉGYPTIENS**
1° *Différends civils et commerciaux entre Français et étrangers :* — Les parties ont le choix de recourir, soit à leurs consuls en se conformant à la règle *actor sequitur forum rei*, soit à la juridiction locale. — *L'appel* peut être porté, suivant que le défendeur au procès est Américain ou Russe, etc., à New-York, Saint-Pétersbourg, etc. — Les Français conservent leurs juges naturels pour les difficultés relatives, soit au *statut personnel*, soit aux *successions*.	1° *Différends civils et commerciaux entre Français et étrangers :* — Les nouveaux tribunaux mixtes ont seuls une compétence absolue. — *L'appel* est déféré à la Cour d'Alexandrie. — Sont exceptées de leur compétence les causes concernant le *statut personnel* ou les *successions*.
2° *Différends civils et commerciaux entre Français et Égyptiens :* — Les Tribunaux égyptiens doivent seuls connaître des affaires dans lesquelles les intérêts français et indigènes sont en présence. Une seule garantie est accordée par les capitulations : l'affaire ne peut être jugée sans l'intervention du drogman du consulat français. — Les Tribunaux égyptiens sont seuls juges des réclamations que les Français ont à faire valoir contre le Gouvernement égyptien.	2° *Différends civils et commerciaux entre Français et Égyptiens :* — Les Tribunaux mixtes deviennent seuls compétents. — Le khédive, sa famille, le Gouvernement égyptien, se soumettent à leur juridiction pour tous les procès à naître. (*Voir article 10 du projet de loi.*) — Quant aux réclamations déjà pendantes contre le Gouvernement égyptien, une solution rapide leur est promise : une Commission arbitrale composée de trois juges choisis par les deux Gouvernements intéressés sera chargée de les trancher. (*Voir procès-verbal du 10 novembre 1874, 9° et 10°*).
§ III. — COMPÉTENCE PÉNALE	
Les Tribunaux consulaires connaissent des *contraventions* et des *délits* commis par nos nationaux. — Le jugement des *crimes* est réservé à la Cour d'Aix.	Les simples *contraventions* sont jugées par les nouveaux Tribunaux mixtes, mais le juge de ces contraventions sera toujours un étranger de même nationalité. (*Voir au projet de loi le procès-verbal du 10 novembre 1874, 6°*). Les *crimes* et *délits* restent dévolus aux consuls et à la Cour d'Aix. Une seule exception est faite pour trois cas nettement prévus et limités qui ont pour but d'assurer l'efficacité d'action et les jugements des nouveaux tribunaux.
§ IV. — CONSIDÉRATIONS GÉNÉRALES ET AMÉLIORATIONS	
1° Pas de régime hypothécaire. — Les actes jusqu'à ce jour sont reçus par le Tribunal religieux du Mehkémé.	1° Établissement du régime hypothécaire. — Création, près le greffe de chaque Tribunal mixte, d'un bureau d'hypothèques et de notariat.
2° L'exécution des sentences ne peut avoir lieu qu'avec le concours de l'administration égyptienne.	2° Exécution des sentences sur l'ordre du Tribunal mixte et par le ministère de ses huissiers.
3° Les Français, lorsqu'ils sont demandeurs, sont soumis à dix-sept juridictions et lois différentes.	3° Application d'une loi uniforme, codifiée suivant les principes français.
4° Les immeubles religieux se trouvent à l'abri des réclamations judiciaires.	4° Les nouveaux tribunaux sont compétents pour statuer sur toutes les questions de possession légale, qu'il s'agisse de biens civils ou religieux.

[illegible]

LA
RÉFORME JUDICIAIRE EN ÉGYPTE

CHAPITRE PREMIER

Du régime actuel des Capitulations. — Ses inconvénients. —
Nécessité d'une réforme judiciaire pour les procès mixtes,
c'est-à-dire entre les Étrangers de nationalités différentes
ou entre les Étrangers et les Indigènes. — Accord des
Puissances. — Projets et travaux préparatoires des Commissions.

Dès le mois de décembre 1874, le Gouvernement appe-
lait l'attention de l'Assemblée sur le projet d'une réforme
judiciaire en Égypte ; il lui demandait de voter une loi
qui restreindrait provisoirement les pouvoirs de juridiction exercés par nos consuls. On attend encore le rapport
de la commission, et surtout le vote des représentants
qui ont mission de sauvegarder les intérêts français.

Ce projet de réforme a été, depuis 1867, soumis aux puissances étrangères par le gouvernement égyptien ; il se propose ainsi de mettre un terme au chaos judiciaire qui, pour les Européens comme pour les indigènes, compromet le règlement des transactions.

On sait qu'en Égypte la situation des étrangers comme plaideurs est soumise à des pratiques qui s'écartent des principes ordinaires du droit des gens. En effet, le droit de rendre la justice constitue un attribut essentiel de la souveraineté territoriale. En pays de chrétienté, un État ne tolère pas qu'une autorité ne relevant pas de lui juge sur son territoire des différends, même entre étrangers ; il faut pourtant confesser qu'un esprit plus large de tolérance s'est révélé dans les pays orientaux dès que des relations suivies se sont formées entre eux et les Européens.

Il serait surabondant de présenter l'analyse historique des premières capitulations avec le Levant et de rappeler que leur origine remonte au moyen âge. Il n'y a lieu de s'occuper ici que des conventions spéciales que l'on proclame comme une des conquêtes de la France, datant de la fameuse alliance que le roi François Ier stipula avec Soliman au XVIe siècle, en 1535.

De nos jours, en effet, les relations judiciaires des étrangers établis en Égypte avec les indigènes sont réglées par un régime particulier dont la base se trouve dans les capitulations : ce sont des concessions gracieuses faites par les sultans, qu'ils pouvaient révoquer suivant leur bon plaisir, et qui n'avaient d'ailleurs de valeur que durant leur vie. Elles avaient pour but de régir la situation des Français à tous les points de vue, de protéger leur religion, leurs personnes et leurs propriétés. Mais, arrivons de suite à la capitulation de 1740, octroyée par

Mahmoud à Louis XV, car c'est la seule qui soit encore en vigueur dans son ensemble.

Au point de vue du droit de juridiction, elle envisage :

1° Les contestations entre étrangers de même nationalité ;

2° Les contestations entre étrangers appartenant à des nationalités différentes ;

3° Les contestations entre étrangers et indigènes.

Le premier de ces trois points est nettement tranché, en ce qui concerne la juridiction civile, commerciale et criminelle : les consuls seuls ont compétence pour décider les procès *qui s'engagent entre leurs nationaux.* Ce privilège est d'un caractère tellement absolu que notre législation interdit au Français de soumettre à la juridiction turque ses contestations personnelles avec un autre Français.

Les litiges entre nos nationaux sont déférés à des tribunaux consulaires, composés d'un consul et de deux assesseurs choisis parmi les plus notables (édit de 1778). A Alexandrie, un consul, juge spécial, a été nommé par décret du 5 décembre 1863 ; l'appel des décisions consulaires est porté devant la cour d'Aix.

Quant aux différends civils et commerciaux entre Européens n'appartenant pas à la même nationalité, les parties ont le choix de recourir soit aux consuls représentant les divers États de l'Europe, suivant la règle *Actor sequitur forum rei,* qui se traduit ainsi : *Nul ne peut être condamné que par le tribunal de sa nationalité,* soit encore à la juridiction locale.

Pour les différends entre Français et Ottomans, ils sont, d'après le texte des capitulations, du ressort de la justice locale ; il n'y a pas en Égypte, comme à Constantinople, des commissions ou des tribunaux mixtes, et la compétence de la juridiction territoriale demeure absolue.

Les capitulations font une distinction suivant que la valeur du procès dépasse ou non une somme fixée à 4,000 aspres. Jusqu'à 4,000 aspres, c'est le cadi qui est compétent ; au-dessus, l'affaire est portée au divan impérial de Constantinople. Aucune distinction n'est faite relativement à la qualité du Français, soit comme demandeur, soit comme défendeur, la compétence du tribunal local indigène est absolue.

De semblables concessions ont été consenties aux autres nations européennes, de telle sorte qu'on voyait, indépendamment des tribunaux locaux, fonctionner dix-sept juridictions consulaires.

Le gouvernement égyptien se plaint de ce qu'il appelle l'abus des capitulations. Peu à peu, en effet, la fameuse maxime *Actor sequitur forum rei* a reçu une extension exceptionnelle, la lettre a été tuée par l'esprit trop vivifiant du commentaire et de l'interprétation ; contrairement au prescrit des textes, on aurait vu, depuis plusieurs années, le tribunal consulaire du défendeur absorber et annihiler les tribunaux locaux, en s'attribuant la compétence pour statuer même dans les procès engagés entre étrangers et indigènes.

Ainsi, d'après les articles 26 et 70 de la capitulation de 1740, le tribunal local ne pouvait statuer qu'en présence du drogman attaché au consulat de France, et il ne pouvait non plus être procédé à des voies d'exécution contre le Français qu'avec l'assistance de son consul. Mais il est arrivé que l'indigène s'adressant au consul pour lui demander de faire comparaître le drogman ou d'assister à l'exécution, le consulat trouve plus simple d'examiner l'affaire et de rendre un jugement. Ce sont là, les empiètements quotidiens commis dans l'intérieur des chancelleries qui ont paru porter une grave atteinte au droit de la souveraineté territoriale, que le gouvernement du khédive n'entend pas abdiquer, mais qu'il propose de réglementer sur des bases nouvelles.

§

Pour le moment, plaçons-nous uniquement au point de vue des intérêts européens, et recherchons si l'ancienne organisation, que l'on voudrait abandonner dans un certain nombre de cas, remplit efficacement le but de protection pour lequel elle a été créée. Laissant de côté les accusations dirigées, à tort ou à raison, contre les faiblesses prétendues de la juridiction consulaire, nous nous contenterons d'examiner les défauts inhérents à cette institution, qui entretiennent ce qu'on a appelé une *véritable anarchie judiciaire.*

Nécessité d'une réforme judiciaire.

Pour la juridiction civile et commerciale, les inconvénients multiples ont motivé de nombreuses critiques que l'honorable député italien, M. Mancini, a fait ressortir d'une manière remarquable (daus le rapport qui a entrainé le vote de la chambre à la presque unanimité (1).

1° En premier lieu, il y a une incompatibilité choquante qu'implique, dans la personne du consul, la réunion de deux fonctions difficilement conciliables : on s'étonne de trouver réunis dans une même main les pouvoirs du juge et la qualité de protecteur officiel des intérêts de l'une des parties en présence.

2° Il n'existe pas moins de dix-sept juridictions consulaires, sans compter les tribunaux indigènes; de là de

---

(1) Voir Rapport de M. Mancini, à la Chambre des députés d'Italie, pages 27 à 36 et suivantes.

fréquents conflits de compétence, une confusion et un désordre permanents.

3° L'obligation que s'impose chaque tribunal consulaire d'appliquer les lois de son pays entraîne l'incertitude dans les rapports judiciaires et paralyse les transactions. Ainsi, un Français ne peut savoir, au moment de stipuler avec un Anglais, un Allemand, un Grec ou un Italien, si les divergences et les contradictions qui pourront surgir sur la validité ou les conséquences de quelques points contestés seront tranchées par la loi anglaise ou par toute autre ; il n'y a donc là ni sécurité ni garantie des droits des contractants ; c'est la règle de l'inconnu qui transforme la justice en une simple chance de hasard, suivant que le Français se trouvera défendeur ou demandeur.

4° Si l'action est intentée contre plusieurs personnes, soit Européens et indigènes, soit Européens de nationalités diverses, l'unité du procès et de la sentence devient impossible, alors même que le titre ou la cause de la dette serait unique et l'obligation solidaire et indivisible. Bien plus, on court souvent le risque de voir les diverses juridictions consulaires saisies en même temps ou successivement de la connaissance de procès intentés à leurs justiciables, rendre des décisions contradictoires qui se heurtent et se neutralisent.

5° La plupart du temps, le défendeur ne peut recourir au moyen fort efficace des demandes reconventionnelles ; par exemple, il ne peut opposer la compensation, non plus que le recours en garantie à des tiers appartenant à une nationalité autre que la sienne ; car la reconvention change la qualité du défendeur, elle lui imprime le rôle de demandeur, et entraîne à son tour la compétence du tribunal dont relève l'adversaire. Il en

résulte un circuit de juridictions à parcourir, étapes par
étapes, avec la perspective éventuelle de sentences contraires et inconciliables.

6° S'agit-il d'une faillite, d'une société commerciale,
matières dans lesquelles il est bien rare de ne pas ren-
contrer face à face des créanciers de nationalités
diverses, s'agit-il d'une lettre de change endossée par
des étrangers? Alors encore les difficultés augmentent
et viennent apporter des obstacles incessants au règlement, et par suite au développement de la vie commerciale.

7° Au point de vue des questions immobilières, la juridiction des consuls se montre aussi inadmissible et
insuffisante, maintenant surtout que les étrangers peuvent posséder des immeubles dans la propriété desquels
se succèdent souvent des individus appartenant à des
nationalités différentes, et qui en ont quelquefois la
copropriété.

8° Cette juridiction a également été reconnue impuissante , malgré ses ressources diplomatiques , pour
défendre les droits que les étrangers prétendent exercer
contre le vice-roi et son administration ; car, aux termes
mêmes des capitulations, un tribunal consulaire ne peut
les juger.

9° Aussi longtemps que subsistera la juridiction consulaire, il sera impossible au khédive d'introduire en
Égypte un système hypothécaire propre à produire les
avantages qui doivent dériver de cette institution pour
le développement du crédit. Une loi sur les hypothèques
ne peut être appliquée, en effet, que par un tribunal
unique reconnaissant un seul texte, et ne saurait être
abandonnée aux interprétations variables et flottantes de
dix-sept consulats.

10° Il est indiscutable qu'au lieu d'engager le gouvernement du vice-roi à concéder de grands travaux et à favoriser les entreprises commerciales et industrielles des étrangers, le système des capitulations, avec toutes ses conséquences, ses froissements, s'est converti en un obstacle qui se dresse devant les intérêts de la colonie européenne.

11° Enfin et surtout, l'un des plus graves inconvénients de l'état de choses actuel est, sans contredit, l'absence d'une juridiction d'appel existant dans le pays même où les jugements sont prononcés. Il faut que le plaideur suive son adversaire devant la Cour d'appel du pays de ce dernier ; ce sont là des pérégrinations judiciaires bien longues et bien coûteuses, que tous ne peuvent pas tenter ; et, pour s'en faire une idée, il suffira de constater que la Société du canal de Suez, une des gloires et des richesses de la France, peut être appelée à plaider devant dix-sept juridictions différentes tant en Égypte qu'à l'étranger. Cette anomalie, qui subordonne les plaideurs à des conditions exceptionnelles et à des frais accablants, est de nature à elle seule à démontrer la nécessité d'une prompte et radicale amélioration, venant avec avantage remplacer le système défectueux qui compte pourtant quelques louangeurs et partisans plus ou moins désintéressés.

Si l'on envisage le fonctionnement de la juridiction pénale, on est également conduit à y reconnaître des vices sérieux.

Les tribunaux consulaires ne pouvaient connaître que des contraventions et des délits commis par leurs nationaux ; il est arrivé fréquemment, à l'occasion des crimes commis par les étrangers de nationalités diverses, que plusieurs cours d'Europe ont revendiqué réciproquement leurs justiciables. Aussi, des conflits s'élèvent, puis il n'y a plus de débats publics possibles, car les témoins font ordinairement défaut, à cause de l'éloignement, et la justice ne se trouve plus éclairée.

§

Telles sont les principales raisons qui militent en faveur d'une réforme judiciaire en Égypte ; ces raisons ont été admises par toutes les puissances étrangères.

Dès 1856, au congrès de Paris, le gouvernement égyptien réclamait des modifications propres à concilier son autorité avec l'intérêt des Européens.

Sur l'avis conforme des plénipotentiaires, la question a été renvoyée à l'examen des commissions.

En France, dès le 3 décembre 1867, un rapport favorable était déposé au Conseil d'Etat par l'honorable M. Duvergier, président de section. A la date du 17 janvier 1870, une commission internationale, réunie au Caire, déclarait que le système actuel de juridiction, la multiplicité des tribunaux et le défaut d'organisation de la juridiction locale offraient de graves inconvénients qui nuisaient à tous les intérêts.

Enfin, en 1873, une nouvelle commission composée des délégués des ambassadeurs des diverses nations se réunissait à Constantinople et examinait les garanties offertes par l'Égypte.

Après une discussion très-approfondie, cette commission rédigea un rapport dont les conclusions furent adoptées par tous ses membres. Le gouvernement égyptien l'accepta et demanda aux diverses nations d'approuver le nouveau règlement d'organisation judiciaire pour les procès mixtes en Égypte.

Tous les cabinets européens y ont adhéré, et le 15 novembre 1874, la France, après avoir obtenu des modifications importantes, est arrivée à une entente définitive sur les conditions auxquelles elle adhérerai elle-même au projet de réforme judiciaire.

CHAPITRE II

La réforme proposée et les garanties offertes. — Son ensemble. — Introduction du régime hypothécaire et du notariat. — Compétence pénale. — Composition des tribunaux mixtes. — Exécution des jugements.

Un éminent publiciste, M. de La Guéronnière, écrivait récemment, dans son ouvrage intitulé *Le Droit public et l'Europe moderne* : « Ramener les juridictions multiples « et contradictoires à l'unité de législation, de compé- « tence et d'organisation judiciaire, est une œuvre digne « de toute la sollicitude de la diplomatie; mais cette œu- « vre ne sera profitable qu'à la condition de respecter « dans les capitulations l'honneur de notre histoire..... « La thèse que le khédive soutient n'est pas celle de la « revendication de la justice territoriale. Il sait bien « que, sur ce terrain, il serait en contradiction avec « toutes les traditions historiques et avec les intérêts « politiques et commerciaux de l'Orient comme de l'Oc- « cident. »

En effet, on ne saurait trop le répéter, la réforme n'a ni pour but ni pour effet de toucher au système des capitulations : les Français, pour tous les procès qu'ils

Ensemble
de la réforme.

peuvent avoir entre eux, demeurent soumis à la juridiction de leurs consuls.

Elle ne fait que régulariser et réglementer certains
usages qui se sont établis abusivement et par suite de
pures tolérances; elle remédie aux graves inconvénients
qui président au règlement des contestations entre nos
nationaux et les étrangers ou entre nos nationaux et les
indigènes.

Le khédive aurait le droit incontestable de réclamer
l'observation stricte et rigoureuse des capitulations ; il
pourrait demander que, conformément à leur texte et à la
règle *Actor sequitur forum rei*, ses sujets lorsqu'ils ont le
rôle de défendeurs ne soient plus cités à comparaître devant
le prétoire des consuls étrangers.

Il ne le fait pas : il préfère en appeler à des tribunaux
composés en majorité de l'élément européen pour régler
les différends que le Français peut voir surgir soit avec
ses sujets, soit avec les étrangers résidant dans ses États.
C'est là une concession des plus louables, inspirée par
un esprit libéral de progrès, et qui, entourée de larges
et sérieuses garanties, ne peut qu'obtenir l'approbation
de toutes les nations civilisées.

Le gouvernement du khédive a voulu créer de nouveaux tribunaux qui fonctionneront sous la surveillance
de toutes les puissances européennes. Les tribunaux com-
menceront à exister à titre de simple essai pour une
période de cinq ans, sous la condition du retour au *statu
quo* actuel, dans le cas où cette expérience ne donnerait
pas des résultats satisfaisants.

Voici, à grands traits, l'esquisse de la réforme proposée.
Elle ne tend à rien moins qu'à doter l'Égypte d'une justice
régulière présentant les formes de la justice européenne,
et à lui octroyer les avantages d'une nouvelle et complète

codification modelée sur les codes de la France et des autres États dont la législation est dans la voie du progrès.

Les dix-sept tribunaux consulaires seront remplacés par la juridiction unique d'une cour d'appel ayant son siége à Alexandrie, et de trois tribunaux de première instance institués à Alexandrie, au Caire et à Zagazig.

Cette nouvelle juridiction aura compétence, à l'exclusion de toute autre, pour toutes les difficultés *en matière civile et commerciale* entre indigènes *et étrangers*, *et entre étrangers de nationalités diverses*, à la seule exception des litiges concernant le statut personnel et les successions.

De sa compétence ressort également la connaissance de toutes contestations ayant trait à des *actions réelles ou immobilières entre toutes personnes*. Jusqu'à ce jour, la propriété immobilière avait été innaccessible aux étrangers, et le nouveau code a reconnu et consacré leurs droits et leurs actions. Il n'y a qu'une exception relative aux immeubles appartenant à des établissements religieux, mais seulement lorsque ces établissements seront défendeurs ; toutefois, les nouveaux tribunaux conservent leur droit de compétence pour statuer sur les questions de possession légale, quel que soit le demandeur ou le défendeur, alors même qu'il s'agirait de biens civils ou religieux. Lorsqu'on songe à l'ancien exclusivisme musulman, on ne peut s'empêcher de reconnaître qu'il y a là un progrès immense accompli par l'intelligente initiative du khédive : il soumet ainsi à des tribunaux laïques toute une classe de biens qui jusqu'alors avaient été maintenus au-dessus et en dehors de la sphère d'action de la souveraineté de la justice.

Compétence civile et commerciale.

3.

Auprès de chaque tribunal, il sera établi un bureau de notariat et d'hypothèques, qui aura pour mission de conférer le caractère authentique à tous les actes, alors qu'auparavant ces actes ne pouvaient être reçus que par le tribunal religieux du *Mehkémé*.

Le gouvernement, les administrations, le khédive et les membres de sa famille deviennent également justiciables des tribunaux mixtes pour leurs procès avec les étrangers.

Ces tribunaux ne peuvent, il est vrai, statuer sur la propriété du domaine public, ni interpréter ou arrêter l'exécution d'une mesure administrative, mais ils ont compétence reconnue pour juger sur la lésion apportée aux droits acquis des étrangers dans les cas prévus par le Code civil.

En matière pénale, compétence illimitée sur tous, pour les simples contraventions de police. Il est convenu que, si le prévenu est étranger, le juge de ces contraventions sera un des membres étrangers du tribunal.

Enfin, ces tribunaux connaîtront des accusations portées contre les auteurs ou les complices de crimes et délits, en tant néanmoins que la répression de ces crimes ou délits aura pour but d'assurer l'autorité et l'action de la nouvelle organisation judiciaire et des jugements des nouvelles juridictions, dans des cas limitativement spécifiés.

La composition de la cour et des tribunaux assure, par sa majorité et la prépondérance de l'élément euro péen, toutes les garanties d'une bonne et indépendante justice.

Dans chaque tribunal, il y aura quatre étrangers et trois indigènes.

La Cour comprend sept conseillers étrangers et quatre indigènes. La présidence appartiendra de droit à un magistrat étranger désigné à la majorité des voix par les membres mêmes de la Cour ou du tribunal, et qui recevra le titre de vice-président. Le président en titre devra être indigène, mais il ne présidera qu'une chambre composée en entier de juges indigènes, et ne connaissant uniquement que de litiges entre indigènes.

La nomination des juges et conseillers est dévolue au khédive; seulement, les magistrats étrangers ne seront désignés qu'avec le concours de leurs gouvernements respectifs et sur la proposition des ministres de la justice étrangers.

Un procureur général et des substituts étrangers sont attachés à la Cour et aux tribunaux. Enfin, l'inamovibilité des magistrats du siége, l'institution du jury, la publicité des audiences, la liberté de la défense viennent compléter l'ensemble de cette organisation calquée avec avantage et même progrès sur celle des pays européens.

Quant à l'exécution des jugements civils et commerciaux, elle a lieu, avec l'assistance des agents consulaires, sur l'ordre du tribunal et par le ministère de ses huissiers, auxquels les autorités locales sont tenues de prêter main-forte.

Exécution
des jugements.

Pour les sentences pénales, on a laissé aux étrangers la faculté de subir leurs peines dans les prisons consulaires.

Au cas de condamnation capitale, on a conservé aux consuls le droit suprême de réclamer leurs administrés.

Telle est, en résumé, la substance de cet important Règlement organique. Abordons maintenant les critiques qu'il a soulevées.

CHAPITRE III

**Objections des adversaires de la réforme judiciaire.
Leur réfutation.**

En France, aussi bien qu'en Italie, en Angleterre, en Russie, chez toutes les nations qui, après un mûr examen, ont accepté les essais de réforme, on s'est préoccupé des nombreuses objections qu'elle soulevait. Il est donc bon de les reprendre une à une et d'y répondre en quelques mots.

1° *Avant tout, on évoque le spectre de la corruption exerçant en permanence ses obsessions perverses pour obtenir des sentences partiales.* — On ne discute pas sérieusement de pareilles allégations que l'oreille grossit et que la voix grandit, mais qui ne sauraient se justifier dans un pays qui est plus européen que turc, et qui prend soin d'édicter précisément contre la vénalité des mesures plus sévères que partout ailleurs. Il ne s'agirait plus, avec la création des tribunaux mixtes, de l'achat de la conscience d'un juge isolé, mais de l'achat multiple et collectif de tous les juges des tribunaux de première instance et ensuite de tous les conseillers de la Cour d'appel. Ne sait-on pas que l'Égypte va être dotée de nouveaux corps judi-

ciaires qui se recruteront parmi les magistrats européens?
Ne veut-on pas comprendre que cette nouvelle magistrature ne saurait être corruptible par l'argent; que, par
suite de sa composition mixte et internationale, elle exer-
cera un contrôle jaloux et permanent sur la dignité et
l'indépendance de tous ses membres? Qu'on ne l'oublie
donc pas, ce qu'on propose de créer, ce sont des tribunaux entièrement différents de ceux qui y fonctionnaient,
par leur constitution, par la qualité et la nationalité des
personnes appelées à en faire partie, et enfin par les garanties qui doivent les protéger.

Ces nouveaux tribunaux devront rester sous la surveillance incessante des puissances européennes ; pour offrir
à l'appréciation de l'Europe intelligente un tableau sin-
cère de l'œuvre de justice quinquennale, ils ne manque-
ront pas de faire publier intégralement, dans les deux
langues officielles (c'est-à-dire en français et en italien),
les arrêtés et les jugements rendus : par suite de cette
publicité désirable et illimitée dans une espèce de *Moni-
teur judiciaire* (1), la jurisprudence et la marche de l'administration de la justice seront soumises à un contrôle
permanent et pourront être appréciées à leur juste
valeur. Il n'y aura rien de secret, chacun pourra reconnaître que les nouvelles juridictions ont accepté et rem-
pliront la noble mission d'assurer à tous les bienfaits de
la justice que l'on définit par ces mots : *une ferme et
perpétuelle volonté de rendre à chacun ce à quoi il a droit.*
Alors, d'une manière désintéressée, de bonne foi et en
parfaite connaissance de cause, tous suivront les résultats obtenus, les difficultés que l'œuvre de justice ren-

______

(1) Ce vœu, émis par M. Mancini (voir son Rapport, page 96), doit être
mis à exécution par le gouvernement égyptien.

contrera, et les moyens propres à les écarter par des améliorations reconnues utiles et nécessaires.

Toutes les précautions ont été prises contre les magis-trats prévaricateurs et contre ceux qui seraient tentés d'oublier leurs devoirs. Les formes les plus minutieuses, les garanties les plus préventives et les plus répressives ont été inscrites dans la nouvelle organisation judiciaire; l'inamovibilité, la publicité des audiences, la désignation des magistrats étrangers par leurs gouvernements res-pectifs, et par-dessus tout un pouvoir disciplinaire dra-conien plus sévère qu'en France.

Tel est l'ensemble des mesures tutélaires et protec-trices d'une bonne justice qui ont été déjà admises par les autres puissances; car nous ne sommes pas les seuls à avoir des intérêts considérables en Égypte, et l'on ne saurait prétendre que des gouvernements tels que ceux de la Grande-Bretagne, de l'Italie, de l'Allemagne, de l'Autriche et des États-Unis aient ratifié légèrement des conventions qui n'auraient pas amplement garanti les intérêts de leurs nationaux. Pour repousser à jamais le soupçon des abus possibles, pour ne pas même laisser à la malveillance calomnieuse le prétexte d'insinuer qu'il s'entourait d'une tourbe d'hommes avides, valets serviles et complaisants du pouvoir, le gouvernement égyptien a voulu assurer aux magistrats internationaux un traite-ment honorable, largement rémunérateur, qui les élève au-dessus de toutes les tentations, de tous les prétextes de subornation, et il a justement voué à la flétrissure et à la honte tous ceux qui seraient tentés de se vendre.

2° On émet le doute que les garanties promises soient scrupuleusement respectées durant toute la période quin-quennale.

Mais à cela répond formellement la clause 40 du Règlement ; elle porte que, pendant cette période de cinq
ans, aucun changement ne devra avoir lieu dans le système adopté. — Il est donc indiscutable que, si un changement arbitraire quelconque y était introduit, la convention serait violée, et que les nations contractantes
auraient le droit de la déclarer viciée, résiliée et déchirée.

*3° Les nouvelles juridictions se trouveront frappées d'im-
puissance à cause de leur incompétence relativement aux
questions de statut personnel et de droits successoraux, et
par suite des facilités qu'auront les plaideurs de retarder
toutes décisions définitives, en demandant des sursis et des
renvois aux diverses juridictions, seules compétentes en ces
matières !*

Le nouveau Code civil égyptien n'a pas négligé de
prévoir ce point de litige dans l'article 4 de ses dispositions préliminaires. Aussi a-t-il déclaré que les questions relatives au statut personnel seraient jugées conformément aux lois nationales des parties : les nouveaux
tribunaux n'en connaîtraient qu'incidemment, devraient
surseoir et fixer un délai pendant lequel le juge compétent pourrait statuer sur la question préjudicielle.

*4° On s'est préoccupé des conflits possibles de compétence
entre l'Administration égyptienne et la juridiction des nouveaux tribunaux !*

Avant tout, il conviendrait de remarquer que cet incon-
vénient n'existerait pas moins, au cas où le système
actuel serait maintenu entre les dix-sept tribunaux consulaires et les tribunaux égyptiens, et qu'avec la réforme
les conflits ne deviendront que plus rares.

De plus, aux termes de l'article 11 du Règlement, si un

étranger se trouve lésé dans un droit acquis par un acte
de l'administration, les nouveaux tribunaux pourront
connaître de sa demande en réparation de préjudice et lui
accorder une indemnité. Or, actuellement, cela serait
impossible.

*5° On prétend que l'exécution des jugements rencontrera
de graves difficultés !*

D'abord, les mêmes difficultés se rencontrent avec le
système que l'on voudrait conserver : les débiteurs ottomans peuvent soustraire leurs valeurs mobilières aux
poursuites exécutoires en les cachant dans les harems
inviolables.

Mais il ne faut pas méconnaître qu'il s'agit ici d'une
question d'Orient, et que, dans ce pays, les usages et les
préjugés ne sauraient s'évanouir ni se déraciner du jour
au lendemain ; les représentants de la France l'ont si
bien compris qu'après avoir réclamé le droit de visite
instrumentaire, ils n'ont pas cru devoir insister.

Hâtons-nous de constater que le nouveau Code civil
a remédié à un usage trop fréquent et abusif des débiteurs indigènes, et que, par ses articles 74, 75 et 76, il
a consacré un immense progrès en réagissant contre les
mœurs et les coutumes orientales. Il dispose en effet,
d'une manière générale, que nul ne peut faire une dona-
tion au préjudice de ses créanciers actuels ; et encore
que personne ne pourra immobiliser ses biens à titre de
biens religieux (*Wakouf*), au préjudice de ces mêmes
créanciers, sous peine de la nullité de l'immobilisation.

*6° On dit encore que si le gouvernement égyptien dé-
crète des impôts devant atteindre les étrangers, il ne sera
pas permis aux tribunaux mixtes de s'y opposer et de*

protéger les nationaux. A cela il suffirait de répondre qu'une semblable éventualité ne pouvait trouver sa place dans le plan limité d'une réforme spécialement judiciaire, et que c'est là une question toute diplomatique.

On ne saurait admettre que le gouvernement français puisse craindre que le gouvernement égyptien songeât jamais à user des nouveaux tribunaux pour frapper les Européens d'impôts arbitraires ou contraires aux traités.

Ceux qui ont soulevé ces objections savent aujourd'hui que, dans sa haute loyauté, le gouvernement égyptien a depuis longtemps déclaré que *les tribunaux n'ont à connaître que des contestations spéciales auxquelles donnerait lieu la perception des droits de douane, taxes et impôts par la manière dont cette perception s'effectuerait ; que le pouvoir judiciaire ne pourrait pas s'immiscer dans les matières administratives, ni* SURTOUT TOUCHER AUX TRAITÉS; *que, de plus, l'Égypte ne pouvait pas se croire assez forte pour se permettre, devant l'Europe entière, de ne pas tenir compte des pactes qui la lient et à l'exécution desquels elle n'a jamais manqué !*

7° On a rappelé, d'autre part, qu'il existait tout un arriéré de réclamations en litige nées entre le gouvernement égyptien et un assez grand nombre de résidents européens. Certes, il était difficile de procéder à l'apurement de ces litiges en instituant une nouvelle juridiction qui aurait pris la forme d'une commission d'arbitrage international.

Pourtant, après de longs pourparlers qui ont donné satisfaction aux représentants de la France et des autres puissances, on a espéré obtenir un arrangement qui assurait de réelles garanties à tous les intéressés. Il a donc été convenu que les réclamations déjà pendantes contre le gou-

vernement égyptien seraient soumises à une commission
de trois magistrats de la Cour d'appel, choisis d'accord
par les deux gouvernements, et que cette commission dé-
ciderait souverainement et sans appel.

On a critiqué cette solution, en prétendant que l'es-
sence d'un tribunal était d'être librement choisi, et que
la mesure arrêtée avait pour effet d'imposer des juges.
A cela on peut répondre qu'on a voulu apporter un
terme et un règlement trop longtemps différés à des réclamations que les étrangers n'ont pas voulu soumettre
à la justice indigène, et que l'intervention diplomatique
s'est trouvée impuissante à liquider. On peut ajouter, en
invoquant la fameuse règle *Actor sequitur forum rei :*
Si vous êtes les créanciers du vice-roi, c'est devant les
tribunaux locaux que vous devez l'assigner, car les capitulations ne vous donnent pas le droit de le citer devant les juridictions consulaires. Si des usages abusifs,
des concessions prolongées ont pu s'élever à la hauteur
d'une tradition, le khédive peut revenir à l'application
de la loi; et ici se pose le dilemne suivant : Voulez-vous
être jugés par un tribunal indigène, ou ne préférez-vous
pas l'être par une commission composée de vos nationaux choisis et désignés par vos gouvernements?

8° *On redoute l'éventualité de conflits possibles entre la
juridiction mixte et la juridiction consulaire !* — Il suffit
pour répondre de renvoyer les adversaires à l'article 23
du titre II du Règlement; il explique qu'au cas de doute
sur leur compétence respective, le conflit sera déféré à
une commission arbitrale composée de deux magistrats
désignés par le président de la Cour d'appel d'Alexandrie
et de deux consuls choisis par le consul intéressé.

9° Il se présente encore la fameuse objection toute poli-
tique, basée sur l'amoindrissement des pouvoirs et des
priviléges consulaires, au point de vue de la protection des
intérêts catholiques !

Déjà, il a été démontré que le pouvoir judiciaire des consuls pour les différends entre Français n'était pas le moins du monde atteint.

Quant à leurs pouvoirs politiques et de haute protection dans les affaires de la chrétienté, ils demeurent toujours les mêmes et ne sont ni entamés ni compromis par la réforme qui ne sort pas du domaine judiciaire.

Pour s'en convaincre, il suffit de relire et de vouloir bien comprendre l'article 7 du procès-verbal, et on y voit que :

« Les immunités, les priviléges, les prérogatives et les
« exemptions dont les consulats étrangers, ainsi que les
« fonctionnaires qui dépendent d'eux, jouissent actuelle-
« ment, en vertu des usages diplomatiques et des traités
« en vigueur, restent maintenus dans leur intégrité. En
« conséquence, les agents et consuls généraux, les con-
« suls et vice-consuls, leurs familles et toutes les per-
« sonnes attachées à leur service ne seront pas justi-
« ciables des nouveaux tribunaux, et la nouvelle légis-
« lation ne sera applicable ni à leurs personnes ni à leur
« maison d'habitation.

« La même réserve est expressément stipulée en
« faveur des établissements catholiques, soit religieux,
« soit d'enseignement, placés sous le protectorat de la
« France. »

10° En dernier lieu, on révoque en doute l'autorité du
khédive pour traiter ; on ose soutenir que les arrangements
intervenus avec S. A. le vice-roi, dont l'autorité serait res-

treinte par la souveraineté de la Sublime-Porte, n'offriraient
pas une efficace validité !

On oublie volontairement que le vice-roi a obtenu du
sultan un firman qui l'a expressément autorisé, pour
l'Égypte, à décréter les lois et dispositions réclamées
pour la bonne administration de ses domaines, et que
depuis longtemps communication de ce firman par S. A.
le khédive et le sultan lui-même a été donnée à tous les
gouvernements étrangers (1).

Nous en avons fini avec l'examen des objections soulevées
par les adversaires de cette réforme, qui a été si minu-
tieusement et fort à loisir étudiée et élaborée par les
représentants du monde civilisé.

On est unanimement d'accord pour reconnaître qu'il y
avait nécessité et urgence de modifier le régime ancien,
de lui en substituer un nouveau susceptible d'être bien-
tôt encore perfectionné à la suite d'épreuves loyales,
consciencieuses, s'accomplissant au profit des intérêts
internationaux qui doivent toujours s'élever au-dessus
des préjugés traditionnels, des ambitions et des rancu-
nes irréfléchies, entravant la marche progressive de la
justice et du bien universel.

En résumé, ce que l'on propose et ce qui aurait déjà
dû être accepté au nom de la France, à l'instar des diverses grandes puissances qui ont donné leur adhésion,
« c'est une magistrature en majorité européenne, orga-
« nisée avec le concours des gouvernements d'Europe, sur
« le modèle même de leur propre magistrature, et appli-
« quant aux parties de nationalité différente une loi
« européenne, presque française. »

---

(1) Voir Rapport de M. Mancini, page 59.

CHAPITRE IV

Les nouveaux Codes égyptiens (1).

La nouvelle codification égyptienne a provoqué de nombreuses critiques plus ou moins vagues et générales qui prouvent que les difficiles travaux des réformes ne sortent jamais parfaits de la main des législateurs les mieux intentionnés ; il appartient au temps seul et à l'expérience d'en révéler peu à peu les défauts et les améliorations graduelles.

Déjà, notre honorable ministre des affaires étrangères a reconnu dans l'exposé du projet de loi que « les codes « rédigés pour servir de règle de conduite exclusive « aux nouveaux tribunaux sont presque littéralement « calqués sur la législation française. » Mais, devant la chambre des députés d'Italie, le savant rapporteur, M. Mancini, l'un des juristes les plus éminents de la péninsule, qui a fait de son rapport un remarquable et complet

(1) Nous nous bornons à une analyse de la nouvelle codification, qui a été l'objet d'une étude complète de la part de M. Mancini (Voir dans son Rapport, pages 72 à 90).

traité de la question de réforme judiciaire, n'a pas hésité
à proclamer que « dès maintenant ces codes pouvaient
« supporter la comparaison avec les codes des pays les
« plus civilisés de l'Europe, qui pourraient même utiliser
« plusieurs de leurs dispositions. »

Il y a déjà un fait accompli depuis le dépôt du projet
de loi qui a eu lieu dans la séance du 23 décembre 1874.
Le gouvernement égyptien a rempli l'engagement par
lui pris de publier de nouveaux codes un mois avant le
fonctionnement des nouveaux tribunaux; à la suite de
l'adhésion des puissances intéressées, l'installation des
tribunaux mixtes est effectuée depuis le 28 juin dernier;
les codes projetés, qui auraient peut-être subi quelques
modifications, si l'Assemblée nationale avait pu discuter
en temps opportun, ont actuellement reçu leur publication
officielle.

Ils sont au nombre de six :

Un Code civil,
Un Code de commerce,
Un Code de commerce maritime,
Un Code de procédure civile et commerciale,
Un Code pénal,
Un Code d'instruction criminelle.

§

Le Code civil est composé de 774 articles seulement ;
il n'avait pas à s'occuper ni des *personnes*, ni *des rapports
de la famille,* car pour ces matières de *statut personnel* les
Européens demeurent régis par la loi nationale de cha-

Code civil.

cun d'eux, et les indigènes continuent à être soumis à la loi musulmane.

Sans être incomplet, comme on se plaît à le répéter, il a laissé de côté tout ce qui est relatif à la jouissance et à la privation des droits civils, aux actes de l'état civil, au domicile, aux absents, au mariage, à la paternité et filiation, à l'adoption, à la puissance paternelle, à la minorité (tutelle et émancipation), à la majorité (interdiction et conseil judiciaire); il ne parle pas davantage des successions, des donations et testaments et du contrat de mariage : en un mot, ces diverses matières qui, dans notre Code français, sont l'objet de 1,100 articles, ne figurent pas dans le nouveau code. Il réglemente ensuite le *partage des biens, la propriété, l'usufruit, les servitudes* et les différentes manières *d'acquérir et de perdre la propriété* e*t* *les droits réels.*

Trois titres spéciaux sont consacrés aux *obligations en général*, aux divers contrats (*rente, location, sociétés, prêts et rentes, dépôt, mandat, cautionnement et gage*); ils se terminent par les dispositions spéciales aux droits et aux causes de privilége ou préférence entre les créanciers, où sont fixées les règles constitutives du système hypothécaire, de la preuve des droits réels et des greffes chargés des transcriptions et inscriptions.

En un mot, l'étude et l'examen attentif de ces mesures démontrent que le législateur égyptien s'est inspiré surtout des principes admis par les lois française et italienne, qu'il a seulement voulu simplifier.

§

Codes commerciaux.   On avait établi une division entre ces codes qui forment un code de commerce proprement dit et un code particu-

lier de commerce maritime. Ils comprennent dans leur
ensemble 702 articles; c'est surtout dans le Code de commerce qu'on remarque presque textuellement notre législation, mais il y a dans le Code maritime publié à part
des règles beaucoup plus complètes; car, le Code égyptien
compte 275 articles, tandis que le nôtre n'en renferme
que 239.

§

Ici encore on retrouve la reproduction de la loi française modifiée et simplifiée pour rendre la procédure plus
rapide : la distribution des matières est presque iden-
tique. C'est pourtant contre ce code qu'ont été accu-
mulées les plus nombreuses critiques : il est superflu
de réfuter ces diverses objections peu sérieuses.

Ainsi, à propos de l'article 3 ainsi conçu : « Les actes
signifiés par les huissiers contiendront 1° la date des
mois, jour et an, etc., » on est venu [dire qu'en Égypte il
y avait cinq calendriers en vigueur : le musulman, le
gréco-russe, le grégorien, l'israélite et cophte, et l'on a
prétendu que chaque exploit devrait porter cinq fois les
jour, mois et an. Il eût été facile de répondre que
cette complication supposée gratuitement devait disparaître par application de la maxime générale : LOCUS
REGIT ACTUM; mais aujourd'hui, les aristarques si enclins
à blâmer toutes les tentatives d'assimilation n'auront sans
doute pas le courage fantaisiste de répudier les réformes
radicales déjà réalisées dans ce domaine ; ils ne sauraient
ignorer, en effet, qu'à partir du 1er janvier 1876, on
décrété l'introduction du calendrier grégorien dans les
relations officielles de l'Égypte, à la place des calendriers
grec et musulman, usités jusqu'à présent.

Est-il besoin de signaler d'autres objections ou mieux d'autres chicanes puériles imaginées par ces adorateurs de la lettre de la procédure? Est-ce sérieusement qu'ils demandent, à propos de l'heure légale pour les significations, si cette heure devra être comptée à la turque ou à la franque? Une fois encore, pour ceux qui prendront la peine de lire les textes eux-mêmes en dehors des commentaires qui les dénaturent, il y a là une œuvre sérieuse qui constitue un progrès sur l'ancien état de choses.

§

Code pénal et d'instruction criminelle.

L'exposé des motifs de notre ministre des affaires étrangères apprend que la compétence des nouveaux Tribunaux ne s'appliquera, en réalité, qu'aux contraventions de simple police, et que le juge de ces contraventions, si elles sont à la charge d'un étranger, ne pourra être qu'un magistrat étranger. En outre, mais exceptionnellement, les tribunaux pourront connaître de certains crimes ou délits limités et définis avec soin, notamment de ceux qui seraient commis par ou contre leurs membres dans l'exercice de leurs fonctions ou à l'occasion de l'exécution de leurs sentences. Dans ces divers cas particuliers il a été décidé :

1° Que le juge des contraventions à la charge des étrangers serait un des membres étrangers du Tribunal ;

2° Que la Chambre du conseil, aussi bien en matière de délits qu'en matière de crimes, serait composée de trois juges dont un indigène et deux étrangers et de quatre assesseurs étrangers ;

(Ainsi, on n'a pas voulu, comme en France, supprimer les garanties tutélaires d'une Chambre de conseil.)

3° Que le Tribunal correctionnel aurait la même composition que la Chambre du conseil.

4° Que la Cour d'assises, composée de trois conseillers, dont un seul indigène et deux étrangers, comprendrait douze jurés étrangers : que, dans ces divers cas, la moitié des magistrats assesseurs et des jurés serait de la nationalité de l'accusé s'il le réclamait.

Ces deux codes empruntés à notre législation l'ont reproduite et abrégée : si le cadre de ce travail ne limitait pas les appréciations, on pourrait constater que la codification égyptienne a largement innové en cédant à un sentiment d'humanité.

Elle a maintenu pour le jury la faculté d'octroyer les circonstances atténuantes ; elle n'a pas accordé à la Cour le droit de suspendre l'exécution d'un verdict, et de renvoyer l'accusé devant un autre jury. En matières pénale et criminelle, la durée des prescriptions a été diminuée.

Ce qu'il est particulièrement curieux d'étudier, ce sont les sévères et exceptionnelles mesures édictées pour prévenir les abus de l'autorité publique, et pour défendre les fonctions confiées aux membres des nouveaux tribunaux qu'on a voulu couvrir d'une espèce d'inviolabilité.

Aussi, a-t-on édicté avec raison les peines les plus rigoureuses :

1° Contre la corruption ou tentative de corruption d'un fonctionnaire au moyen de dons, de promesses ou d'avantages indirects, sous forme de contrats, même au profit de la femme, des enfants ou des parents du fonctionnaire ou même d'une personne protégée par lui ;

2° Contre les fonctionnaires ou employés auxquels on aurait offert des dons et fait des promesses, et qui n'auraient pas révélé ce fait à l'autorité judiciaire. On a compris dans la même catégorie ceux qui, pour sauver leurs propriétés, leur honneur ou leurs intérêts directs et légitimes, ont pu se trouver contraints de faire un don ou une promesse à un fonctionnaire, et n'en ont pas averti l'autorité judiciaire aussitôt que les motifs de contrainte ou de crainte personnelle auront disparu ;

3° Pour la pression exercée par un fonctionnaire public quelconque sur un tribunal ou un juge pour obtenir une sentence, soit pour, soit contre une partie ; pour l'omission de la part du juge de dénoncer une telle et si abusive immixtion ; enfin, encore (ce qui devrait partout exister), pour la simple prière ou recommandation faite par un fonctionnaire auprès d'un juge ou d'un tribunal en faveur ou au préjudice d'une des parties, il est prononcé une amende de 1,000 à 5,000 piastres turques.

Ajoutons, pour donner une idée plus exacte de l'ensemble des mesures préventives prises contre les abus d'autorité et les manquements aux devoirs d'une charge publique, que le code égyptien n'avait pas à prévoir l'immixtion de magistrats s'ingérant dans les matières attribuées aux autorités administratives. Mais, par contre, il a pris soin de prévenir et de frapper l'immixtion des fonctionnaires de l'ordre administratif dans les affaires judiciaires.

Est-il inutile de mentionner que de sévères pénalités menacent les fonctionnaires qui appliqueraient ou ordonneraient d'appliquer les accusés à la question ; que la violation du domicile d'un particulier, en dehors des cas prévus et sous les formes prescrites par les lois, est protégée par une répression plus élevée que celle qui existe en France et en Italie?

Le résumé analytique de la nouvelle législation prouve qu'elle a été mûrement élaborée et préparée par huit années d'études et de négociations consciencieuses, dans le cours desquelles la voix de la France a été presque toujours écoutée. En faisant les emprunts les plus nombreux à nos codes, l'Égypte n'a voulu introduire chez elle, pour le moment, que ce qui a déjà été expérimenté par d'autres, quitte à corriger et à réformer plus tard ; elle ne pouvait consentir à se transformer en un champ d'essai pour les diverses réformes rêvées en faveur du progrès des sciences juridiques et sociales. Aussi, comme l'a dit avec autorité M. Mancini : « Si un « grand nombre de réformes juridiques sont encore « attendues et désirées dans la législation de la France, « de l'Italie et des nations les plus civilisées qui se trou- « vent depuis des siècles posséder les législations « les plus vantées, on ne comprend pas pourquoi « l'Égypte ne pourrait pas, elle aussi, se résigner à « attendre, et devrait refuser un bien assuré pour quel- « que chose de plus parfait, mais de fort douteux, en « commençant par là où d'autres peuples civilisés ne « sont pas encore arrivés. »

CHAPITRE V

De l'avis de la Cour d'Aix sur la réforme judiciaire. — Situation faite aux Français par le rejet de la réforme.

Sur le désir exprimé par la commission que l'Assemblée a choisie pour examiner le projet de loi relatif à l'institution des tribunaux mixtes dans les États du khédive, M. Dufaure, garde des sceaux, a demandé son avis à la cour d'Aix qui, aux termes des traités, forme la juridiction d'appel des sentences rendues dans les échelles du Levant. Dans sa séance du 17 juin dernier, la Cour a adopté les conclusions d'un rapport qui concluait au maintien du *statu quo*, et rejetait, comme préjudiciable aux intérêts de nos nationaux en Égypte, la réforme proposée par le vice-roi. Le même jour, M. le premier président, chargé de transmettre ce rapport à notre éminent Ministre de la justice, exposait dans un style magistral les motifs pour lesquels sa Compagnie estimait devoir repousser le projet soumis à la haute impartialité de son examen.

L'avis unanime de la Cour, aussi bien que la lettre d'envoi dans laquelle son honorable chef a résumé l'opinion de ses collègues, se distingue par des affirmations toutes négatives.

On nie qu'il soit possible, par suite de l'antagonisme toujours existant entre les races chrétiennes et musulmanes, de créer une législation uniforme pour les indigènes égyptiens et pour les étrangers ; mais on néglige de prouver qu'il ne résultera pas un progrès acquis incontestable, dans le fait de voir introduire et fonctionner en Egypte une législation empruntée aux codes européens dans toutes les causes où se trouvent engagés les intérêts des étrangers.

On reconnaît que *le plan de réforme séduit à première lecture, qu'il semble bien conçu* et présente *des apparences de garantie.* Puis, sans le discuter et le justifier aucunement, on allègue qu'il contient de nombreuses imperfections, *qu'il ne sauvegarde pas suffisamment les intérêts de nos nationaux, les garanties promises ne valant pas les garanties actuelles consacrées par les capitulations; que les tribunaux mixtes ne remplaceront jamais pour eux la juridiction consulaire française qui doit être préférée à la justice turco-européenne.*

Tout cela serait pour le mieux, s'il n'existait qu'une seule juridiction consulaire, celle de la France ; mais il y en a seize autres qui fonctionnent à ses côtés, et dont nos nationaux deviennent justiciables quand ils n'ont pas le rôle de défendeurs. Est-il donc bien téméraire d'espérer que les Français établis en Égypte trouveront au moins dans les nouveaux tribunaux d'autres et plus amples garanties que dans cette sorte de justice à laquelle renoncent spontanément toutes les puissances ?

Qu'a dit encore la Cour d'Aix? Elle constate que le *fonctionnement des nouveaux tribunaux n'entraînera pas la suppression des anciens; que les tribunaux indigènes seront remplacés par les tribunaux mixtes*, mais *que la juridiction consulaire continuera à fonctionner pour le jugement des différends entre étrangers de même nationalité et aussi pour le jugement des questions de statut personnel qui restent en dehors de la compétence des nouveaux tribunaux.*

Sans nul doute, on ne trouve pas là une critique, mais seulement un simple exposé analytique de la nouvelle organisation judiciaire qui a pu être appréciée et comprise à la première lecture du Règlement soumis à la haute approbation de l'Assemblée.

Quelle portée faut-il donc attacher au blâme implicite mais trop peu motivé, que soulève la Cour d'Aix comme une révélation? Personne ne songe à nier que dans l'œuvre de justice projetée il existera encore certaines imperfections qui devront disparaître à la suite d'une expérience pratique. Mais jamais on n'a contesté sérieusement que l'institution d'une juridiction unique, appliquant une loi uniforme, connue et offrant de réelles garanties, présenterait précisément le remède direct et désirable aux inconvénients que tous reconnaissent comme le résultat inévitable de la multiplicité des juridictions et des législations. On n'a pu relever aucun empiétement commis sur les attributions consulaires auxquelles continueront à être dévolues les questions de statut personnel et même la connaissance des litiges s'élevant entre Européens de même nationalité.

N'eût-il pas été juste d'avouer que la séduction entraînante du plan de réforme dérivait d'une idée toute de transition, constituant déjà un progrès sur l'état de choses actuel? N'y aura-t-il pas, en effet, un avantage incontestablement acquis dans le fait de soumettre à un

tribunal unique, aussi bien les contestations nées entre
étrangers et indigènes, que les contestations nées entre
étrangers de nationalités différentes ?

Et si, après cette attribution aux nouveaux tribunaux
de la connaissance des diverses affaires civiles et
commerciales, l'expérience se montre favorable, ne
serait-on peut-être pas amené plus tard à admettre que
la juridiction nouvelle doit encore être étendue et que
les tribunaux mixtes pourraient également connaître des
procès, survenant en Égypte, entre les Européens de
même nationalité ?

Déjà, en vertu du principe de la loi territoriale, le gouvernement égyptien a fait l'abandon de la compétence de
ses anciens tribunaux pour statuer sur les questions
immobilières; il en a consenti la dévolution aux tribunaux
mixtes, par respect pour l'unité de juridiction, et en cette
matière spéciale, ils sont seuls appelés à prononcer non-
seulement entre les indigènes et les étrangers, mais même
entre tous les étrangers de nationalités diverses.

Continuons l'examen des conclusions de la Cour d'Aix.
Après avoir omis de signaler combien il était avantageux
pour les résidents de voir substituer à la juridiction des
tribunaux locaux indigènes celle des tribunaux mixtes
chargés de l'application d'une loi européenne, on examine
quelle sera, au point de vue judiciaire, la situation de nos
nationaux, dans le cas où la France n'adhérerait pas à la
convention.

Pas de question lorsque le Français sera défendeur,
car il continuera à n'être justiciable que de son consul.
Mais on n'est pas toujours défendeur; on peut se trouver
non plus débiteur, mais créancier. Le Français, en sa
qualité de demandeur, pourra-t-il citer son adversaire
étranger devant le consul de celui-ci ? Pourra-t-il faire

comparaître son adversaire indigène devant le nouveau tribunal mixte ?

On oublie ici qu'à l'exception de la France, toutes les puissances étrangères ont donné leur adhésion à la réforme judiciaire internationale et en quelque sorte amphictyonique ; or, par le fait de l'acceptation de leurs gouvernements, les divers consuls n'ont plus conservé qu'une compétence restreinte pour juger exclusivement leurs nationaux. La demande des Français ne saurait donc être accueillie et serait repoussée par une question d'ordre public et une fin de non-recevoir basée sur le texte de l'article 9 de la convention du 10 novembre portant que : « Les nouveaux tribunaux connaîtront seuls de « toutes les contestations en matière civile et commer-« ciale, entre indigènes et étrangers, et entre étrangers « de nationalités différentes, en dehors du statut per-« sonnel... »

Repoussé par une exception d'incompétence, le plaideur français aurait une consolation toute platonique, car il pourrait se bercer de l'espoir que si la porte des consulats européens n'avait pas été fermée par la voie diplomatique des traités conclus, il aurait peut-être trouvé bon accueil à sa demande de justice.

Le Français, en quête de juges, pourra-t-il au moins en appeler à la juridiction des tribunaux mixtes ? Il y aurait là une anomalie quelque peu contradictoire, car il reconnaîtrait ainsi, comme demandeur, une compétence qu'il entend récuser comme défendeur. Mais qu'importe ? plutôt que de perdre le bénéfice d'associations fructueuses ou de contrats avantageux avec des parties qui se refuseraient à comparaître devant une autre barre que celle des nouvelles cours de justice, on le verrait revendiquer le bénéfice de leurs arrêts. Qui

sait si l'accès de cette juridiction que la France n'aurait
pas reconnue, lui serait ouvert? Et si, par grâce, on
lui concède audience, il se verra jugé par ces tribunaux où ses adversaires étrangers auront leurs
représentants et où, seul, il ne trouvera pas de magistrats de sa nationalité.

En résumé, l'avis de la Cour ne semble pas de nature
à acquérir l'autorité de la chose jugée qui s'attache à un
arrêt souverain.

Ce corps judiciaire consultant s'est montré essentielle-
ment conservateur des vieux priviléges qui lui assuraient
de longue date une juridiction exceptionnelle; il est
demeuré sourd devant les accusations formulées de toutes
parts et n'a pas voulu condamner en dernier ressort
l'anarchie judiciaire. Ses arguments pour le maintien du
modus vivendi actuel ne semblent pas suffisants pour faire
écarter les utiles réformes qui doivent découler d'un
simple régime expérimental et sauvegarder, dans le présent et dans l'avenir, les droits et les intérêts français.

CONCLUSIONS

L'essai de système judiciaire proposé par le khédive semble donc être accepté, à quelque point de vue que l'on se place.

Au point de vue judiciaire :

1° C'est l'introduction en Égypte d'une magistrature européenne, appliquant une loi européenne.

2° C'est l'application stricte et loyale des capitulations, en ce qui concerne les procès de nos nationaux entre eux.

3° C'est la réglementation d'une véritable anarchie judiciaire, en ce qui touche les difficultés entre étrangers ou français et indigènes, par un système qui évitera aux plaideurs les abus, les lenteurs, les difficultés et les frais qui sont le corollaire du régime défectueux que l'on voudrait encore éterniser.

Au point de vue économique :

1° C'est la création et la consécration de la propriété immobilière au profit des étrangers, en Égypte, où jusqu'à-ce jour elle n'était ni accessible ni réglementée légalement.

2° C'est l'établissement du régime hypothécaire et du notariat dans un pays où ces institutions n'existaient pas encore avec leurs garanties, tutélaires.

3° C'est la sauvegarde des capitaux considérables qui, sous les plis protecteurs du drapeau de la France, se sont engagés avec tant de puissance et de succès sur cette terre d'Égypte, qui a toujours été ouverte à l'expansion de notre vie nationale.

Au point de vue politique,

C'est la France conservant sa place dans le concert européen.

Qu'on y songe, le refus de l'Assemblée aurait pour conséquence de placer nos compatriotes dans une situation plus que précaire et difficile. Sans avoir besoin d'insister sur la défaveur qui en rejaillirait sur tous nos résidents nationaux, qu'on ne perde pas de vue la situation qui leur serait imposée et qu'ils devraient subir.

On les verrait, en effet, contraints de soumettre leurs différends possibles et inévitables avec les indigènes ou les membres des autres nations, à la souveraine appréciation de ces mêmes cours et tribunaux au sein desquels ils ne seront même pas représentés.

Toutes les puissances ont déjà donné leur adhésion, et en adhérant elles se sont engagées à ne pas en appeler à d'autres juges pour les litiges surgissant entre indigènes et entre étrangers de nationalités diverses.

Déjà, il y a un premier fait accompli, qui est, en l'absence de la France, l'installation des tribunaux mixtes, inaugurée à Alexandrie depuis le 28 juin dernier ; par suite d'un acte suprême émanant du khédive, qui n'a jamais cessé de se montrer l'ami fidèle de la France, le fonctionnement de cette nouvelle juridiction est ajourné jusqu'au 1er janvier prochain.

Donc, si les membres de la Commission persistent à repousser le projet de réforme judiciaire sanctionné par l'approbation de l'Angleterre, de la Russie, de l'Autriche, de l'Allemagne, de l'Italie et des États-Unis, si leur rapport se trouve malheureusement ratifié, sous forme d'ajournement ou de sursis, une fois de plus la France se trouvera isolée et les intérêts de ses nationaux seront compromis.

On ne peut trop le répéter et l'affirmer avec M. F. de Lesseps : « Si la réforme judiciaire ne s'accomplit pas « avec nous, elle s'accomplira et sera accomplie contre « nous! »

Il est temps encore d'accepter cette réforme et de la soumettre à une expérience temporaire, qui doit aboutir à donner la justice pour base aux relations de l'Europe avec l'Égypte.

TABLE DES MATIÈRES

Pages.

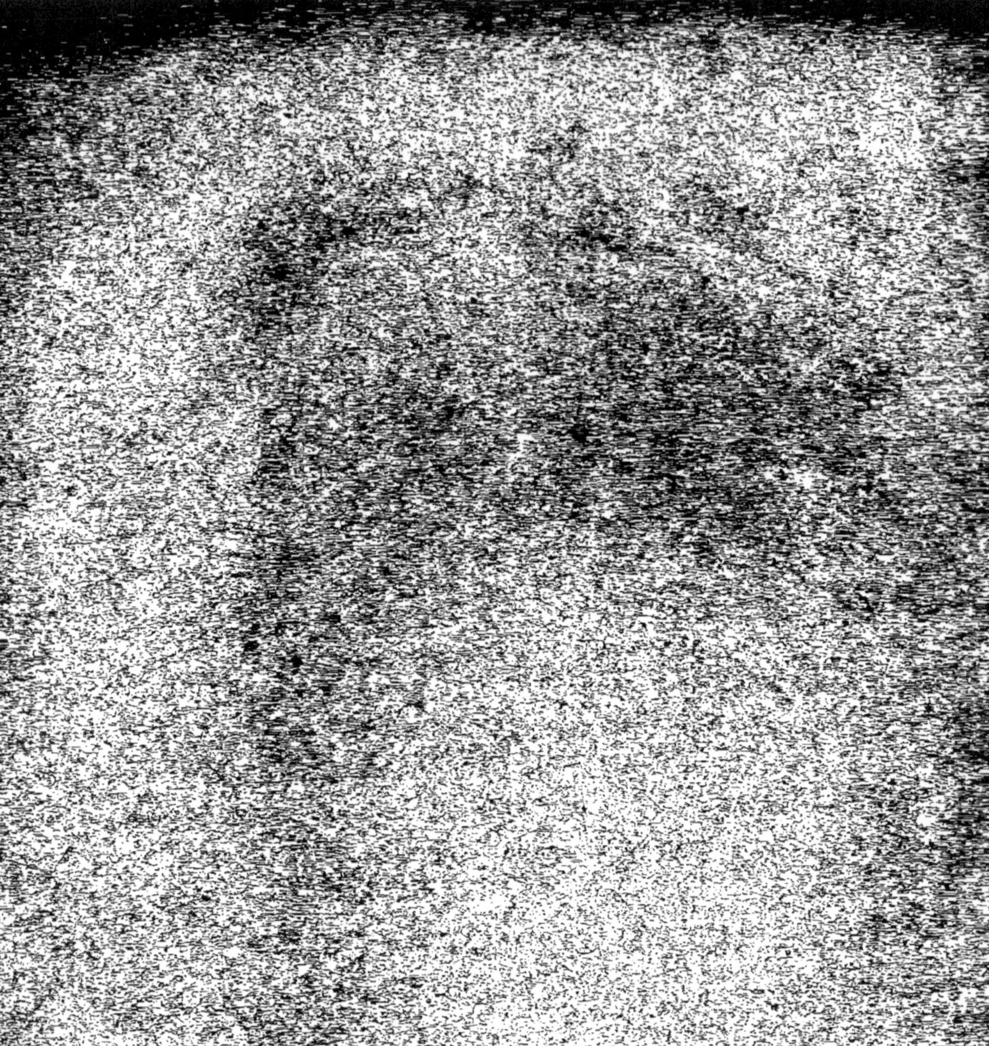